Inhalt

Immaterielle Vermögenswerte - Mangelhafte Berichterstattung nach IFRS

Kernthesen

Beitrag

Fallbeispiele

Weiterführende Literatur

Impressum

Immaterielle Vermögenswerte - Mangelhafte Berichterstattung nach IFRS

A.Kaindl

Kernthesen

- Die Vorschriften des IAS 38 zur Bilanzierung von immateriellen Vermögensgegenständen eröffnen den Unternehmen erhebliches bilanzpolitisches Gestaltungspotenzial.
- Eine Reform des IAS 38 könnte bilanzpolitische Ermessensspielräume reduzieren und den Informationsgehalt des Jahresabschlusses erhöhen.

- Wie könnte eine Reform des IAS 38 aussehen?

Beitrag

Das bilanzpolitische Gestaltungspotenzial des IAS 38 ist enorm. Ein Unternehmen erwirbt z.B. eine Marke. Das Unternehmen legt fest, dass es nicht vorhersehbar ist, wie lange die Marke genutzt werden kann, deshalb nimmt es keine planmäßigen Abschreibungen vor. Alternativ kann es aber auch festgelegen, dass es die Marke 5 oder 10 Jahre nutzen wird, was eine planmäßige Abschreibung zur Folge hätte. (1)

Was ist ein immaterieller Vermögenswert?

Ein immaterieller Vermögensgegenstand ist durch 3 Merkmale gekennzeichnet:

Das erste Definitionsmerkmal ist die Identifizierbarkeit, dass heißt der immaterielle Vermögensgegenstand (VGG) ist vom Geschäfts- oder Firmenwert separierbar. Der Vermögenswert kann vom Unternehmen getrennt und somit verkauft, übertragen, lizenziert, vermietet oder getauscht werden, oder der Vermögenswert ist aus vertraglichen oder gesetzlichen Rechten entstanden.

Zweitens muss das Unternehmen die Verfügungsmacht bzw. die Beherrschung über den VGG haben. Das bedeutet: Das Unternehmen muss die Möglichkeit besitzen, sich den künftigen wirtschaftlichen Nutzen des Vermögenswertes zu verschaffen und zugleich in der Lage sein, den Zugriff Dritter auf diesen Nutzen zu beschränken.

Das dritte Definitionsmerkmal ist das Vorhandensein eines künftigen wirtschaftlichen Nutzens. Die Frage, ob ein immaterieller VGG in der Zukunft einen wirtschaftlichen Nutzen erbringen wird, ist vom bilanzierenden Unternehmen zu treffen. Ein künftiger wirtschaftlicher Nutzen ergibt sich aus dem Verkauf von Produkten, der Erbringung von Dienstleistungen, Kosteneinsparungen oder anderen Vorteilen. (1)

Abgrenzung immaterieller Vermögenswerte gegenüber Sachanlagen

In den Fällen, wo ein Vermögenswert sowohl

immaterielle als auch materielle Elemente in sich vereint, wie bspw. bei Software, liegt die Abgrenzung von immateriellen VGG zu Sachanlagen im Ermessen des Unternehmens. Bei dieser Abgrenzung, ist die Überlegung anzustellen, welches der Elemente überwiegt. Dabei sind auch die Wertverhältnisse zu berücksichtigen. So ist bspw. der Wert eines materiellen Speichermediums häufig niedriger als der Wert der darauf gespeicherten immateriellen Werte. (1)

Ansatz von immateriellen Vermögenswerten

Ein immaterieller Vermögenswert kann nur dann in der Bilanz aktiviert werden, wenn die Anschaffungs- oder Herstellungskosten zuverlässig ermittelt werden können. Dieses Kriterium ist bei erworbenen Vermögenswerten erfüllt. Bei selbst erstellten Vermögenswerten kann die Ermittlung der Herstellungskosten erhebliche Schwierigkeiten bereiten, wenn bspw. die Aufwendungen nicht separat in der Kostenrechnung aufgezeichnet werden. Den Erstellungsprozess eines immateriellen VGG muss ein Unternehmen in eine Forschungs- und eine Entwicklungsphase unterteilen. Ausgaben der Forschungsphase dürfen nicht aktiviert werden, sondern sind sofort als Aufwand in der Gewinn- und Verlustrechnung zu erfassen. Können die Entwicklungskosten verlässlich ermittelt werden, dürfen diese aktiviert werden. Bei der Ermittlung der Höhe der Entwicklungskosten ergeben sich für das Unternehmen erhebliche Gestaltungsmöglichkeiten. (1)

Beim Erwerb eines Unternehmens können auch immaterielle Vermögenswerte identifiziert werden, die im Abschluss des gekauften Unternehmens nicht angesetzt wurden bzw. nicht angesetzt werden durften. Mit dem Unternehmenskauf erhalten diese immateriellen VGG einen derivativen Charakter und dürfen im Abschluss des kaufenden Unternehmens angesetzt werden. Dabei eröffnen sich erhebliche Gestaltungsspielräume. (1)

Erstbewertung von immateriellen Vermögenswerten

Beim Kauf eines immateriellen VGG, ist dieser mit den direkt zurechenbaren Kosten, die erforderlich sind, um den VGG in einen betriebsbereiten Zustand zu versetzen, in der Bilanz zu aktivieren. Wird ein immaterieller VGG im Rahmen eines Unternehmenserwerbes angeschafft, ist dieser mit dem beizulegenden Wert anzusetzen. Dieser lässt sich durch verschiedene Bewertungstechniken ermittelt werden, dabei ergibt sich ein erhebliches Gestaltungspotenzial. Selbst geschaffene VGG sind mit den Herstellungskosten zu aktivieren. Es dürfen aber nur die in der Entwicklungsphase angefallen Kosten aktiviert werden. Bei der Abgrenzung der Forschungs- von der Entwicklungsphase ergeben sich für das bilanzierende Unternehmen Ermessensspielräume. Deshalb kann die Höhe der aktivierbaren Herstellungskosten beeinflusst werden. (1)

Folgebewertung von immateriellen Vermögenswerten

Immaterielle VGG mit bestimmter Nutzungsdauer sind über ihre Nutzungsdauer planmäßig abzuschreiben. Bei der Bestimmung der Nutzungsdauer bestehen erhebliche Gestaltungsspielräume. Immaterielle VGG mit unbestimmter Nutzungsdauer sind zumindest jährlich anhand eines Impairment-Tests auf ihre Werthaltigkeit zu prüfen. Bei der Durchführung des Impairment-Tests ergeben sich aufgrund der Ermessensspielräume bei der Festlegung der Berechnungsparameter weitere

Gestaltungspotenziale. (1)

Erfüllt der IAS 38 den Zweck eines IFRS-Abschlusses?

Der primäre Zweck eines IFRS-Abschlusses ist die Bereitstellung von entscheidungsrelevanten Informationen für die Investoren. Darüber hinaus, soll dieser die Investoren bei der Kontrolle des Managements des berichtenden Unternehmens unterstützen. (2)

Im Hinblick auf den Informationszweck des IFRS-Abschlusses wäre eine umfassende bilanzielle Berücksichtigung der immateriellen VGG geboten. Die Realität stellt sich allerdings wie folgt dar:

Die ansatzfähigen immateriellen VGG stehen oft mit Werten in der Bilanz, die nicht dem "ökonomischen" Wert entsprechen. Es besteht zwar im Rahmen der Folgebilanzierung die Möglichkeit einer Neubewertung zum Marktwert bzw. Zeitwert, diese ist aber faktisch ohne Bedeutung. Bedingung für eine Neubewertung ist das Vorhandensein eines aktiven Marktes. Aufgrund ihres Charakters, ist diese Bedingung für immaterielle VGG nur selten erfüllt. Zudem ist eine Neubewertung aus bilanzpolitischer

Sicht unvorteilhaft. Deshalb stellt die Bewertung zu Anschaffungs- oder Herstellungskosten den Regelfall dar. Anschaffungs- oder Herstellungskosten sind aber viel weniger informativ als der Marktwert.

Die Vorschriften des IAS 38 führen dazu, dass oftmals ein wesentlicher Teil der tatsächlich angefallenen Herstellungskosten keine Berücksichtigung in der Bilanz findet. Für eine Aktivierung muss zum einen der Selbsterstellungsprozess das Stadium der Entwicklung erreicht haben, zum anderen müssen die speziellen Ansatzkriterien erfüllt sein. Die Forschungskosten und ein wesentlicher Teil der Entwicklungskosten werden deshalb aufwandswirksam in der Gewinn- und Verlustrechnung erfasst.

Die Vorschriften des IAS 38 verbieten die Aktivierung eines originären Goodwills.

Insgesamt kann bezogen auf die Regelungen des IAS 38 festgestellt werden: Die Berichterstattung über die immateriellen VGG ist mangelhaft. [2]

Fallbeispiele

Ein immaterieller Vermögenswert ist nur dann separat in der Bilanz zu aktivieren, soweit er nicht integraler Bestandteil eines immateriellen VGG ist und somit als Sachanlage zu behandeln wäre. Beispiele: Die Computersoftware für eine computergestützte Werkzeugmaschine, die ohne diese Software nicht betriebsfähig ist, ist integraler Bestandteil der zugehörigen Hardware und wird daher als Sachanlage behandelt. Gleiches gilt für das Betriebssystem eines Computers. Ist die Software kein integraler Bestandteil der zugehörigen Hardware, ist sie getrennt als immaterieller Vermögenswert zu bilanzieren. (1)

Weiterführende Literatur

(1) Explizite Wahlrechte und Ermessensspielräume (faktische Wahlrechte) nach IFRS Teil 2: Immaterielle Vermögenswerte
aus Bilanzbuchhalter und Controller, Heft 06/2007, S. 172

(2) Grundgedanken zu einer Reform der Bilanzierung immaterieller Vermögenswerte nach IAS 38 und zur zweckadäquaten Ausgestaltung einer "IFRS-Informationsbilanz" (Teil I) Erfüllung des Informationszwecks und Reform des IAS 38
aus Kapitalmarktorientierte Rechnungslegung, Heft 5 vom 2.5.2007, Seite 254 -

Impressum

Immaterielle Vermögenswerte - Mangelhafte Berichterstattung nach IFRS

Bibliografische Information der deutschen Nationalbibliothek

Die Deutsche Nationalbibliothek verzeichnet diese Publikation in der deutschen Nationalbibliografie; detaillierte bibliografische Daten sind im Internet über http://dnb.d-nb.de abrufbar.

ISBN: 978-3-7379-1355-3

© 2015 GBI-Genios Deutsche Wirtschaftsdatenbank GmbH, Freischützstraße 96, 81927 München, www.genios.de

Alle Rechte vorbehalten. Dieses Werk ist einschließlich aller seiner Teile – z.B. Texte, Tabellen und Grafiken - urheberrechtlich geschützt. Jede Verwertung außerhalb der Grenzen des Urheberrechtsgesetzes bedarf der vorherigen Zustimmung des Verlags. Dies gilt insbesondere auch für auszugsweise Nachdrucke, fotomechanische

Vervielfältigungen (Fotokopie/Mikroskopie), Übersetzungen, Auswertungen durch Datenbanken oder ähnliche Einrichtungen und die Einspeicherung und Verarbeitung in elektronischen Systemen.